AF215255

Angst vor Krankheit

Wie Sie die Krankheitsangst endlich verstehen und sich Schritt für Schritt davon lösen

inkl. den besten Übungen zur sofortigen Selbsthilfe

Maike Ahlers

✐ INHALT

Das erwartet Sie in diesem Buch

Angst ist ein sehr ernst zu nehmendes Thema und speziell die Angst vor Krankheit ist eine Zerreißprobe für viele Betroffene.

Angst ist aber auch ein Gefühl, welches jeder Mensch in sich trägt, welches lebenswichtig oder überlebenswichti ist und bei jedem Menschen je nach Persönlichkeit stärker oder schwächer ausgeprägt ist. Angst treibt an, inspiriert, mobilisiert eigene Kräfte, führt zu Erfolg, kann aber auch krank machen – so krank, dass das Leben zur Hölle wird. Hypochondrie – wie man die Angst vor Krankheit im Speziellen nennt – ist ein Phänomen völlig übertriebener Ängste, das Betroffene an ihre Grenzen bringen kann. Dennoch – auch wenn es manch einer nicht glauben mag – sind Betroffene keine Simulanten.

In meinem Ratgeber erwartet Sie ein spannender Einblick in die Thematik der Angst mit all ihren Begleiterscheinungen, Tipps zur Besserung der Symptomatik sowie gezielte Anregungen zur sofortigen Umsetzung – natürlich alltagstauglich, versprochen!

Anhand von Studien bekommen Sie ebenso Einblick in die Angstproblematik in Deutschland.

Sie lernen eine junge Frau kennen, die panische Furcht vor Krankheiten besaß und täglich aufs Neue mit ihrer Angst kämpfte, um diese dann mithilfe wirksamer Methoden für sich ertragbar zu machen. Sie lernte glücklicherweise mit der Zeit, besser mit ihrer Angst zu leben. Heute ist sie dank professioneller Hilfe und eigenem Willen eine glückliche Frau.

Dies schaffen Sie auch, und natürlich ebenso, wenn Sie ein Mann (oder divers) sind!

Angst im Allgemeinen

ANGST VERSTEHEN

Schlangen, Spinnen, Enge im Fahrstuhl oder im Flugzeug, in der Röhre, in der Höhe, Krankheiten, Alleinsein, ja, sogar Erdnussbutter oder Knöpfe – alle oder die meisten Menschen fürchten sich vor irgendetwas.

Angst ist ein ganz normales Gefühl und nicht krankhaft – eigentlich.

Jeder Mensch trägt dieses Gefühl mehr oder weniger in sich. Ob aus den alltäglichen kleinen Fürchteleien eine krankhafte und behandlungsbedürftige Angst entsteht, hängt stark mit der Persönlichkeit zusammen. Es gibt Menschen, die fürchten sich weniger, andere hingegen schreien und zucken bei Kleinigkeiten zusammen. Wieder andere können das Haus nicht verlassen und sind nicht mehr gesellschaftsfähig. Diese Menschen bedürfen professioneller Hilfe. Denn eigentlich könnte auch deren Leben glücklich und relativ angstfrei verlaufen. Wer aber ausgeprägte Ängste hat, sieht sein Glück nicht mehr. Er geht nicht sorgenfrei durchs Leben und kann sein Dasein nicht genießen. Die Angst wird zur Tortur.

Wenn man schon mit Herzrasen und schweißgebadet aufwacht und sich nicht mehr traut, zur Arbeit zu gehen, weil man befürchtet, dass man Kollegen nicht in die Augen schauen kann, dass man nicht in der Lage ist, mit ihnen zu sprechen, dass man sich nicht traut, auch nur ein Widerwort zu sagen, und dadurch der Tag zur Qual wird, dann ist die Angst krankhaft – in diesem Fall zeichnet sich eine soziale Phobie ab – und es sollte ein vertrauensvolles Gespräch mit einem Arzt erfolgen.

Doch viele Betroffene gehen nicht zum Arzt, entweder, weil sie gar nicht wissen, dass sie krank sind, oder aus Scham. Sie wollen auch nicht in die Schublade der psychisch Kranken gesteckt werden. Manche Menschen zweifeln, ob sich ihre Ängste noch im Rahmen des Normalen bewegen oder sie doch ernsthaft Hilfe brauchen und ihre Ängste behandeln lassen sollen.

Sollten Sie Ängste verspüren, die Ihnen das Leben schwer machen, dann lesen Sie unbedingt weiter und/oder vereinbaren Sie schon einmal einen Beratungstermin beim Arzt/Psychiater, denn je früher man sich Hilfe holt, umso besser.

Einige Menschen sind regelrecht von Angst zerfressen, verunsichert und rauben sich die so wertvolle Lebensenergie. Andere gehen mit einem Lächeln durchs Leben, strotzen vor Selbstbewusstsein, strahlen vor Glück und Zufriedenheit und verstehen nicht im Geringsten die Sorgen der Ängstlichen.

Liebe Leser, Sie fragen sich jetzt, warum das so ist?

Jeder hat eine Kindheit hinter sich, die mehr oder weniger prägend für ihn war. Aber eine noch so schlechte Kindheit sagt noch nichts darüber aus, wie ängstlich ein Mensch tatsächlich ist. Viele Umstände tragen dazu bei, beispielsweise das Umfeld und die eigenen Lebensumstände (wohne ich in einem Hochhaus mit Fahrstuhl und habe ich eine sogenannte Platzangst, kann jeder Tag zur Belastung werden, wenn ich den Fahrstuhl nur sehe, es kann aber auch dazu beitragen, dass ich meine Angst überwinde).

Ohne Angst hätten unsere Vorfahren nicht überlebt. Angst warnt und macht wachsam zugleich. Sie sicherte unseren Ahnen die Existenz, das Überleben. Der Säbelzahntiger war eine reale Bedrohung, genauso wie Raubkatzen, Wölfe, giftige Spinnen und Schlangen.

Wenn Menschen Angst vor Schlangen haben, dann ist das nicht eingebildet, sondern evolutionär bedingt. Schlangen hatten und haben auch heute noch ein Gift, welches für uns Menschen tödlich sein kann. Diese Urängste und Phobien der Menschen gehen auf Zeiten zurück, in denen es überlebensnotwendig war, sich vor dieser echten Gefahr zu schützen. Wenn damals die Menschen keine Furcht vor gefährlichen Tieren gehabt hätten, hätten sie nicht überlebt. Wer also keine Furcht vor Naturgewalten oder gefahrvollen Tieren hatte, starb. Angst war lebensrettend und hat sich über Generationen in den Menschen verankert. So wurden Ängste an die nächste Generation weitergegeben und vererbt. Wer heute unter einer Katzenangst leidet, kann sicher sein, dass die Urangst vor dem Säbelzahntiger dahintersteckt.

Angst hat aber nicht nur evolutionäre Hintergründe, sondern auch eine schützende Funktion. Ein portugiesisch-amerikanischer Neurologe beschrieb zum Beispiel eine Patientin, die wegen einer Verkalkung tief im Inneren ihres Gehirns keine Angst mehr zu empfinden schien. Ihre Angstzentrale war quasi chronisch ausgeschaltet, sodass sie immer fröhlich und entgegenkommend auftrat. Sie ließ sich von fremden Leuten umarmen und plauderte mit allen. Diese Furchtlosigkeit hat nicht nur Vorteile – sie kann ganz schnell ausgenutzt und für zum Problem werden.

Unser Körper wird in einer Gefahrensituation vorbereitet auf einen eventuellen Kampf oder auf die Flucht, daher ist eine Reaktion des Körpers auf Angst ein ganz normaler Vorgang. Wenn das Herz vor Angst und Anspannung rast, werden die Muskeln besser durchblutet und die Atmung wird beschleunigt, sodass sich dann der Sauerstoffgehalt im Blut erhöht.

Bleibt allerdings die Anspannung (zum Beispiel das Verkrampfen der Hände) und die schnelle Atmung über eine längere Zeit bestehen, kann der Körper nicht unterscheiden, ob tatsächlich eine Gefahr besteht oder nicht, und es entsteht eine Reaktion, bei der er sich entlädt – eine Panikattacke ist die Folge.

Auch die Gene spielen bei Ängsten eine große Rolle und sind für die Entstehung bedeutsam. Die Vererbung ängstlicher Gene wird auf ca. 30 bis 40 Prozent geschätzt. Bei eineiigen Zwillingen wurden Angsterkrankungen häufiger gleichzeitig beobachtet als bei Zweieiigen. Hat ein Familienmitglied eine Angststörung, ist es wahrscheinlicher, dass Kinder und spätere Generationen auch an einer Angststörung leiden werden, als in Familien, die psychisch unbelastet sind.

Einige Patienten mit Panikstörungen haben ein Gen in sich, welches mutiert und dadurch in seiner Aktivität verändert ist. Wissenschaftler haben festgestellt, dass diese genetische Veränderung unkontrollierte Angstempfindungen auslösen kann. Auch Mäuse, die dieses Gen in sich tragen, verhalten sich extrem überängstlich.

Wenn Sie sich wiedererkennen und wissen, dass Sie zu den Menschen gehören, die immer ängstlich sind, sich ständig Gedanken machen und sensibel reagieren, so können Sie auch ein wenig froh sein (auch wenn das nicht wirklich tröstet), denn diese Menschen sind es, die nicht zu den langweiligsten Menschen zählen. Sie haben Spannendes zu berichten und mehr Fantasie. Auch berühmte Persönlichkeiten litten unter Angsterkrankungen, genannt seien Goethe, Brecht, Vivaldi und sogar Freud, der Begründer der Psychoanalyse.

Eine Form der Angsterkrankung ist die Panikstörung, worunter ca. vier Prozent aller Menschen auf der ganzen Welt im Laufe ihres Lebens leiden. Panikattacken treten plötzlich und ohne erkennbaren Grund auf. Sie sind gekennzeichnet durch Herzrasen, Kurzatmigkeit, Erstickungsgefühl oder Atemnot. Patienten sind schweißgebadet und zittern am ganzen Körper oder haben das Gefühl, gleich in Ohnmacht zu fallen.

Es gibt allerdings prinzipiell nicht nur den einen Auslöser. Wissenschaftler denken, diese Ängste gehen oftmals auf Traumata in der frühen Kindheit zurück. Es können der Verlust eines Elternteils, Erfahrungen mit Gewalt, sexueller Missbrauch, Vernachlässigung oder Eltern, die Alkoholmissbrauch betrieben haben, die Entstehung von Panikstörungen begünstigen bzw. die Entstehung psychischer Erkrankungen allgemein.

Angst ist allerdings auch als Chance zu sehen, die Chance, aus der momentan prekären Situation ein erfüllteres glücklicheres Leben zu machen.

Angst im Speziellen

In Deutschland sind fast 10 Millionen (!) Menschen von einer Angststörung betroffen, wobei bei Frauen die Diagnosen sehr viel häufiger gestellt werden als bei Männern.

WELCHE ÄNGSTE GIBT ES?

Eine Art der Angststörung ist die Phobie, eine andere Art die Panikstörung.

Die Panikstörung bezieht sich im Gegensatz zur Phobie nicht auf ein konkretes Objekt oder eine konkrete Situation.

Menschen, die an Phobien leiden, haben eine ext-

rem übersteigerte Angst vor Objekten oder Situationen, die eigentlich für sie gefahrlos sind. Damit ist die Angst tatsächlich unbegründet. Dennoch ist die Angst der davon betroffenen Menschen unangemessen groß und sie wollen um jeden Preis diese für sie extrem belastende Situation vermeiden.

Es gibt eine ganze Menge Phobien, die Menschen erleiden können, von denen Sie bisher wahrscheinlich nicht die geringste Ahnung hatten, so zum Beispiel die Alektorophobie – die Furcht vor Hühnern – oder die Koumpounophobie – die Furcht vor Knöpfen. Auch die Furcht vor Löchern gibt es – die Trypophobie. Das klingt ziemlich abwegig und ist wahrscheinlich nichts, womit viele Menschen sich in Kliniken behandeln lassen.

Folgende Ängste sind bei den Deutschen am häufigsten:

- Panikstörungen
- generalisierte Angststörung
- soziale Phobie
- Agoraphobie
- spezifische Phobien

Panikstörungen

Zur Panikstörung werden wiederholte Panikattacken gezählt, die sehr starke körperliche Symptome bei den Betroffenen hervorrufen. Es kommt sehr plötzlich zu einem extrem starken Angstgefühl. Die Symptome, die die Betroffenen verspüren, sind unter anderem Herzrasen, starker Schwindel, Atemnot, Ohnmachtsgefühl, Schmerzen in der Brust oder vermehrtes Schwitzen. Viele Symptome können gleichzeitig auftreten. Die Menschen spüren, dass ihr Herz bis zum Hals schlägt, und es fühlt sich an, als ob es stolpert, was wiederum die Angst aufsteigen lässt, gleich einen Herzinfarkt zu bekommen. In der Brust spüren sie ein Engegefühl oder einen Druck oder noch schlimmer: stechende Schmerzen. Der Hals fühlt sich zugeschnürt an, sie haben einen Kloß im Hals und durch das schnellere Atmen das Gefühl der Atemnot. Panikpatienten haben dadurch das Gefühl, keine Luft mehr zu bekommen, und hyperventilieren (sie atmen übermäßig schnell und vermehrt). Der Körper wird so in Aufruhr versetzt, dass viele Betroffene in diesen Momenten panische Angst haben, verrückt zu werden oder gar zu sterben.

Eine solche Panikattacke dauert in der Regel etwa 20 bis 30 Minuten, wobei der Höhepunkt nach ca. 10 Minuten erreicht ist. Selten berichten Menschen, dass die Attacke länger als eine Stunde andauert. Bei manchen Menschen ist nach einer einzigen Panikattacke der Spuk wieder vorbei, häufiger sind aber wiederholte Attacken. Sie können durchaus mehrmals täglich auftreten. Das führt dazu, dass die Betroffenen sehr große Angst vor den Attacken entwickeln, was in einer sogenannten „Angst vor der Angst" mündet und in einem Teufelskreis endet.

Weltweit leiden wahrscheinlich fünfzig bis einhundert Millionen Menschen unter Panikattacken. Das Wort leitet sich ab aus der griechischen Mythologie, wo es den Gott Pan gab, der sich, halb Mensch, halb Geißbock, in einer griechischen Provinz während der Mittagsglut an ahnungslose Reisende heranschlich. Er jagte diesen Menschen solch einen schlimmen Schrecken ein, dass diese voller Angst und Panik davonliefen und Pan genauso schnell wieder verschwand, wie er gekommen war. (Quelle: Herbig, R.: Pan, der griechische Bocksgott. Versuch einer Monographie. Frankfurt, Vittorio

Klostermann 1949)

Generalisierte Angststörung

Typisch an einer generalisierten Angststörung ist, dass Menschen, die davon betroffen sind, dazu neigen, sich über alles Sorgen zu machen, und zwar ständig und über einen längeren Zeitraum hinweg. Dabei sind nicht ihre eigenen Sorgen und Grübeleien gemeint, sondern diese Menschen sorgen sich um ihre Familie, ihre Angehörigen, die Kinder, den Ehepartner oder den Lebensgefährten. Die Sorgen betreffen viele alltägliche Lebensbereiche und können immer wieder andere Themen beinhalten. Die einen sorgen sich, dass einem nahen Angehörigen oder Freund etwas zustoßen könnte, andere sorgen sich um ihre berufliche Zukunft und darüber, dass sie in finanzielle Schwierigkeiten geraten könnten. Betroffene fühlen sich wie in Trance, sie werden von Schwindel, Unsicherheit, Schwäche und Benommenheit geplagt, haben aber auch wie bei den Panikstörungen Symptome wie Herzrasen, Luftnot, Schmerzen in der Brust, ein Kloßgefühl im Hals, Übelkeit, Mundtrockenheit und/oder Hitze- oder Kälteschauer. Diese Menschen können sich nicht entspannen, sie stehen ständig unter Stress, sind nervös und von Unruhe geplagt, sie befinden sich in ständiger Anspannung. Dies wiederum führt zu angespannten Muskeln, die dann irgendwann zu schmerzen beginnen.

Menschen mit einer generalisierten Angststörung haben keine plötzlichen Angstanfälle wie bei der Panikstörung, sondern befinden sich den ganzen Tag in einer Dauerangst. Diese ist dann nicht so heftig, hält aber viel länger an. Meist wissen diese Menschen um ihre übertriebenen Ängste, können sie aber dennoch nicht oder nur schwer kontrollieren.

Sie leiden auch permanent unter Schlafstörungen, sie können nicht einschlafen, da sie in einem Gedankenkreisel festhängen und ständig über ihre Sorgen nachdenken müssen. Einzelne Beschwerden können auch immer wieder in verschiedenen Kombinationen auftreten.

Weiterhin ist die generalisierte Angststörung geprägt von Schreckhaftigkeit und Reizbarkeit, Konzentrationsschwierigkeiten, Spannungskopfschmerzen und manchmal auch von Bauchbeschwerden.

Oft werden diese körperlichen Symptome vom

Arzt fehlinterpretiert und so beginnt eine Odyssee von Arzt zu Arzt. Im Schnitt dauert es sieben Jahre von den ersten Erscheinungen bis zur richtigen Diagnose.

Überbehütung in der Kindheit ebenso wie Vernachlässigung durch die Eltern kann dazu führen, dass ein Mensch im Laufe seines Lebens eine generalisierte Angststörung entwickelt. Auch erbliche Faktoren spielen eine nicht zu vergessene Rolle.

Soziale Phobie

Haben Sie Angst vor Menschen? Haben Sie Angst, sich in Gesellschaft dieser aufzuhalten, mit ihnen zu kommunizieren, zu interagieren, vor anderen zu sprechen, sich in Gesellschaft zu äußern, in der Mittagspause gemeinsam mit Kollegen zu essen oder gar, sich mit dem anderen Geschlecht zu treffen? Verspüren Sie dabei Händezittern, Übelkeit, Magenbeschwerden, werden sie rot oder müssen sie dann ständig die Toilette aufsuchen? Sie haben riesige Angst, kritisiert zu werden, sich zu blamieren, negativ beurteilt oder gar gedemütigt zu werden? Vermeiden Sie ständig Blickkontakt? Haben Sie furchtbare Angst vor Prüfungen, sodass Sie diese gar nicht antreten können?

Dann könnte es sein, dass Sie unter einer sozialen Phobie leiden.

Im Unterschied zur Schüchternheit meiden Menschen mit sozialer Phobie gänzlich Situationen, in denen sie menschlichen Kontakten ausgesetzt sind. Ihre Angst, mit fremden Personen zu sprechen oder in Kontakt zu treten, ist so groß, dass sie dies gegebenenfalls nur unter Medikamenteneinnahme durchstehen können. Dabei erleben Menschen mit einer sozialen Angst eine deutliche Einschränkung ihrer Lebensqualität.

Soziale Ängste sind schon früh sichtbar, meist schon in der Pubertät.

Wenn Kinder schon im Kindergarten oder in der Grundschule Erfahrungen durchlebt haben, die für sie sozial belastend waren, wenn sie von anderen ausgelacht, abgelehnt oder ständig gehänselt wurden, kann dies bei diesen Kindern zu Minderwertigkeit, Verunsicherung und großen Ängsten führen. Meist trauen sich solche belasteten Kinder dann in der Schule nicht mehr, überhaupt etwas zu sagen, da sie immer das Gefühl haben, dass das, was sie sagen, falsch ist.

Kinder, die Gewalt in der Familie erfahren, deren

Eltern in Scheidung leben, die wenig Liebe bekommen oder bei denen es einen psychisch erkrankten Elternteil gibt, haben zusätzlich ein erhöhtes Risiko, eine Sozialphobie zu entwickeln. Eltern, die ihren Kindern vermitteln, dass sie im Weg stehen, sie ständig stören und nicht willkommen sind, können ein nur geringes Selbstwertgefühl entwickeln. Andererseits lernen Kinder von übervorsichtigen Eltern nicht, wie sie mit Fehlern umgehen sollen. Für alle Eltern mit Kindern sei an dieser Stelle auf das folgende Lied verwiesen: „Alle machen Fehler, keiner ist ein Supermann" von Rolf Zuckowski. Hören Sie sich dieses Lied an, bewegen Sie sich mit Ihren Kindern dazu und stärken Sie so das Selbstwertgefühl Ihres Kindes!

Agoraphobie

Agoraphobie wird durch bestimmte Orte und Situationen ausgelöst. Dabei verspüren Betroffene eine panische Furcht vor öffentlichen Plätzen oder Menschenansammlungen. Manche haben Angst, einen Einkaufsmarkt aufzusuchen, da sie befürchten, dort keine Luft mehr zu bekommen. Andere können nicht in den Wald gehen, da sie von dem Gedanken besessen sind, ein plötzlich auftretendes Ereignis könnte passieren, beispielsweise das Erleiden eines Herzinfarktes, und dann ist niemand im Wald, der ihnen hilft. Diese Ängste führen dazu, dass Menschen mit Agoraphobie ein ausgeprägtes Vermeidungsverhalten entwickeln, um diese angstauslösenden Situationen zu umgehen.

Typisch sind auch Ängste wie dicht gedrängt in der vollen Straßenbahn, in einem Bus oder in einem Zug zu sitzen oder gar mit dem Flugzeug zu fliegen. Dort gibt es im Fall einer Panikattacke Aufsehen und kein Entkommen – denken sie. Wenn diesbezüglich nicht gegengesteuert wird und die Ängstlichen ihre Vermeidung nicht beenden, entwickelt sich daraus eine Angst vor der Angst und dies führt wiederum zur Einschränkung ihrer Aktivitäten und zu generellen Einschränkungen ihres täglichen Lebens.

Laut Statistik entwickeln im Laufe eines Jahres ca. vier von einhundert Menschen eine Agoraphobie, wobei mehr Frauen als Männer betroffen sind. Etwa im Alter von 30 Jahren treten Agoraphobien im Durchschnitt zum ersten Mal auf.

Die Ursache kann ein verändertes Gleichgewicht von bestimmten Botenstoffen im Gehirn sein, aber auch eine erbliche Vorbelastung ist möglich.

Es ist nicht ungewöhnlich, dass Menschen mit Agoraphobie über einen langen Zeitraum angstfrei bleiben. Vermeiden sie die ihnen Angst einjagenden Situationen oder Orte und haben sie demnach keinen Auslöser für ihre Angst, können sie über einen längeren Zeitraum völlig unbeschwert leben. Sobald sie allerdings die Kontrolle wieder an sich reißen und sich erneut „in den Wald" begeben, ist die panische Furcht wieder da.

Die empfohlene Therapie ist hierbei die kognitive Verhaltenstherapie.

Spezifische Phobien

Stellen Sie sich vor, Sie gehen in den Zoo, stehen im Terrarium und bestaunen all die Tiere, die sich dort schlängeln und die sie zwischen den Holzbalken erkennen können – größere und ein wenig kleinere Tiere, aber alle ohne Beine und mit einem kräftigen muskulären Körper. Sie sehen sie züngeln und ganz langsam am kleinen Stamm herunterkriechen. Manche liegen auf dem Ast oder um den Ast gewunden, andere schlängeln sich am Boden entlang.

Jagt Ihnen das Angst ein? So wie Nadine, die sich überreden ließ, es doch einmal wieder mit einem Besuch des Terrariums zu versuchen? Nadine geht übervorsichtig in das Gebäude im Zoo, immer die Hände vor das Gesicht haltend, einen ganz kleinen Schritt vor den nächsten setzend und immer bereit zur Flucht. Heute will sie tapfer sein, ganz tapfer. Heute wird sie ihrem Ehemann beweisen, was für eine taffe, angstlose Frau sie ist. Heute ist der Tag, an dem sie eine Konfrontation wagt und sich fest vorgenommen hat, nicht wegzuschauen und erst gar nicht wegzulaufen. Nein, heute will sie nicht davonlaufen, heute ist sie mutig.

Die Schlangen sind alle hinter Glas, es kann nichts passieren, ja, ihr Mann hat gut reden. Es ist nicht die Furcht, dass etwas passieren könnte, es ist der pure Ekel bei Nadine. Sie kann schon den Anblick eines solchen gezeichneten Tieres nicht ertragen, sie konnte schon als kleines Kind das Bilderbuch nicht anschauen, in dem der Igel die Schlange biss. Oder war es anders herum? Nadine würde nie wieder ihre Erinnerung bemühen, da sie zwar dieses mit Bleistift skizzierte Kinderbuch noch immer in ihrem Schrank aufbewahrte, aber nie mehr hineinsah. Sie wollte es immer loswerden, sie kann es aber einfach nicht berühren. Heute ist aber nun der

Tag, an dem Nadine ihren ganzen Mut zusammennehmen und in das so gefürchtete Terrarium gehen möchte. Ihr Mann hat versucht, ihr im Vorfeld all ihre Furcht auszureden, Nadine war sehr skeptisch, aber schließlich ist sie eine Frau Ende dreißig, die schon mitten im Leben steht und beruflich anerkannt und sogar sehr beliebt ist. Ihren kleinen Paul hat sie aber heute doch lieber bei Oma und Opa gelassen, um ihm ihr mögliches Geschrei zu ersparen. Lange Rede, kurzer Sinn: Nadine hat sich sehr mutig herangetastet, Stück für Stück, eigentlich Millimeter für Millimeter an die Glasvorderfläche des ersten Terrariums und erblickt noch: nichts... Plötzlich durchfährt Nadine ein Schreck, der größer nicht sein könnte, dann ein Schrei, ein wahnsinnig lauter Schrei, und Nadine rennt laut brüllend aus dem Gebäude und sofort ist ihre extrem panische Angst zurück.

Ihr Herz rast, ihr Puls schlägt bis zur Brust, es schüttelt sie vor Ekel. Nadine leidet unter einer extremen Schlangenphobie. Sie wollte es diesmal schaffen, ihre fürchterliche Angst zu überwinden, und obwohl sie weiß, dass die Tiere ihr nichts anhaben können, hat sie es nicht geschafft, ihre Angst im Zaum zu halten.

Hier hilft eine kognitive Verhaltenstherapie bzw. eine Konfrontationstherapie. Sind Sie so schlimm betroffen wie Nadine, scheuen Sie sich nicht davor, einen Psychologen zu kontaktieren. Es gibt natürlich auch noch andere spezifische Phobien, wie z. B. die Angst vor Höhe, vor dem Fliegen im Flugzeug oder vor Naturgewalten, beispielsweise vor Wasser. Diese gefürchteten Situationen werden dann von den Betroffenen gemieden, obwohl sie wissen, dass ihre Angst übertrieben ist und meist keine Gefahr davon ausgeht.

HYPOCHONDRIE – UNBEGRÜNDETE ANGST VOR KRANKHEIT

Charlie Chaplin hatte sie, Friedrich der Große, auch Woody Allen und Thomas Mann waren betroffen – etwa ein Prozent der Deutschen haben sie, die unbegründete Angst vor Krankheit. Diese Menschen haben eine große Angst vor Erkrankungen, die sie eigentlich nicht haben. Sie interpretieren ihre Symptome fehl, recherchieren wegen jedem noch so kleinen Anzeichen ihres Körpers stundenlang im Internet, bilden sich ein, schwer krank zu sein, und sind die am besten durchuntersuchtesten Patienten bei ihrem Arzt. Sie brauchen ständig die ärztliche Rückversicherung, und selbst wenn der Arzt ihnen bescheinigt, dass alles in Ordnung ist, hält der Gedanke an die Glaubwürdigkeit des Arztes nicht allzu lange an. Dann wird die Unsicherheit so groß und sie denken, dass sie doch sehr krank sind und es bloß noch keiner festgestellt hat. Dies führt dann zu einem sogenannten „Ärzte-Hopping". Hypochonder laufen von Arzt zu Arzt, in der Hoffnung, irgendeiner stellt doch etwas fest, damit sie sich in ihrem Glauben bestätigt fühlen.

Auf der anderen Seite haben sie wiederum auch Angst davor, dass ihre eigene Diagnose bestätigt wird. Weil sie ihren Körper permanent selbst beobachten, kontrollieren und so stark auf sich fixiert sind, wird jede Kleinigkeit umgedeutet oder missdeutet, wie z. B. Kopfschmerzen in einen Hirntumor oder Bauchbeschwerden in Darmkrebs. So wie bei Theo, der viele Besuche bei seinem Hausarzt hinter sich hatte, mit vielen Überweisungen zum Facharzt. Alles wurde untersucht, die Lunge, das Herz und die

Leber, er war zur Magen-, Darm- und Blasenspiege-
lung, beim CT vom gesamten Abdomen (Bauch-
raum), zusätzlich beim MRT, er war beim Nephro-
logen, Internisten, Chirurgen, Kardiologen und
Pneumologen – aber keiner dieser Ärzte konnte
seine schlimme Vermutung des Darmkrebses bestä-
tigen. Derweil litt er doch unter massiven Bauchbeschwerden und das konnte nur Krebs sein. Theo
schämte sich eigentlich für seine vielen Arztbesuche, aber er war so davon überzeugt, unheilbar
krank zu sein, dass er nicht anders konnte.

Theo war kein Simulant, er bildete sich seine
Symptome nicht etwa ein und täuschte sie vor, nein,
er verspürte die Schmerzen und Beschwerden
wirklich jeden Tag. Er hatte einen hypochondri-
schen Wahn entwickelt, der ihn sehr einschränkte
und seine Lebensqualität enorm beeinflusste. Früher ging er noch mit Freunden zum Fußball, heute
verbringt er Stunden der Recherche über seine an-
gebliche Krankheit vor dem Computer. Dadurch
haben sich Freunde zurückgezogen. Um aus seiner
Isolation und dem Teufelskreis herauszufinden, hat
ihm sein Hausarzt nun eine Psychotherapie ans
Herz gelegt. Theo will diese unbedingt wahrneh-

men und sein Leben wieder lebenswert und ohne diese ständige psychische Belastung gestalten.

Rund vierzig Prozent der Betroffenen haben gleichzeitig auch unter Depressionen zu leiden. Auch Theo wurde zunehmend von Schlaflosigkeit geplagt, hatte keinen Antrieb und seine Stimmung wurde immer gedrückter. Begründet lag dies in seiner Kindheit. Als Kind war er schwer krank und seine Mutter gab sich überfürsorglich. Sie dramatisierte seine Krankheit noch zusätzlich, sodass Theo lernte, sein ganzes Leben sei geprägt durch schlimme Krankheit.

Nicht nur eine Einzeltherapie beim Psychotherapeuten ist eine Möglichkeit, die Hypochondrie zu besiegen, auch Gruppentherapien können hilfreich sein. Bci Patienten mit Depressionen kann es zudem angebracht sein, zusätzlich Antidepressiva zu verabreichen. Auch die Biofeedback-Methode kann hilfreich sein. Durch den Bildschirm wird den Patienten verdeutlicht, dass Symptome normal und ungefährlich sein können. Dies sollen die Patienten möglichst verinnerlichen.

CORONA – DIE ANGST VOR EINEM VIRUS

Seit 2019, als das Coronavirus in China ausbrach und im März/April 2020 auch Deutschland zunehmend in Angst und Schrecken versetzte, war die Angst und Panik bei vielen Menschen nicht mehr wegzudenken. Die Nachrichten überschlugen sich, jede Woche gab es neue Beschränkungen, dann in den einzelnen Bundesländern wieder ein paar Lockerungen und viele Menschen waren verstört über all das, was noch unklar war.

Wir Menschen brauchen eine gewisse Sicherheit und Unsicherheit macht Angst. Zu sehen war das beispielsweise in den enormen Hamsterkäufen. Die Bevölkerung wurde urplötzlich von Panik übermannt, eine für viele völlig neue Situation entstand und sie dachten, dass die Ausbreitung des Coronavirus zu Engpässen in der Lebensmittelversorgung führen könnte. Manche Menschen verspürten eine derartige Unsicherheit und bekamen irrationale Ängste. Und Panik kann anstecken...

Zusätzlich hatte (oder hat) das Corona-Thema eine derart große Präsenz in allen Medien, wobei ständige Katastrophenmeldungen und fette Schlagzeilen die Spirale der Angst in die Höhe trieben, was wiederum zu einem Gefühl führte, diesem unsichtbaren Virus hilflos ausgeliefert und dagegen machtlos zu sein.

In diesen Zeiten ist es für Menschen wichtig, sich von diesen vielen Meldungen nicht verunsichern zu lassen und die negativen Nachrichten nicht permanent zu konsumieren. Natürlich sollen Sie sich informieren, aber wer schon von Natur aus sehr ängstlich ist, sollte sich dieser Panikmache nicht noch mehr unterziehen. Schenken Sie in solchen Lebenssituationen lieber Ihrer Freizeit neue Aufmerksamkeit, indem Sie die mehr zur Verfügung stehende Zeit bewusster und intensiver nutzen, um beispielsweise neue Hobbys zu entdecken, Sie wieder anfangen, zu lesen oder versuchen, die Natur einmal wieder bewusst wahrzunehmen mit all ihren Düften und Gerüchen. Hören Sie Ihre Lieblingsmusik, tanzen Sie dazu und lenken Sie Ihre Gedanken weg von der Angst- und Panikmache. Auch Sport ist ein gutes Mittel zum Stressabbau. Dabei müssen Sie jetzt kein Leistungssportler werden, Spaziergänge und/oder Walking reichen auch aus. Dies kann man allein oder mit dem Partner tun und vielleicht bereichert es im günstigsten Fall noch Ihre Partnerschaft! Es gibt zudem kostenlose Online-Kurse und virtuelle Sportangebote auf YouTube, die jederzeit abrufbar sind. Machen Sie sich außerdem bewusst, was Sie aus dieser Zeit Positives mitnehmen können, etwas, was Ihr Leben bereichert. Vielleicht nehmen Sie sich vor, dankbarer zu werden, dankbar dafür, dass Sie in einem Land mit hohem Gesundheitsstandard leben, oder seien Sie dankbar für Ihre Kinder und Ihre Familie, dankbar für jeden einzelnen Tag, den Sie genießen dürfen!

VIELE SYMPTOME – EINE MÖGLICHE URSACHE: ANGST VOR KRANKHEIT

Wenn Sie die bisher schon gelesenen Symptome bei sich verspüren und insgeheim wissen, dass Sie unter einer Angsterkrankung leiden, dann scheuen Sie sich nicht davor, einen Arzt aufzusuchen. Gehen Sie lieber einmal mehr als zu wenig und schämen Sie sich nicht dafür. Es geht vielen anderen Menschen genauso wie Ihnen.

Hier sind noch einmal einige Warnsignale bzw. Symptome aufgezählt, die sich bei einer Angst vor Krankheit zeigen könnten:

sehr große Angst, an einer unheilbaren Krankheit zu leiden; Sorge vor Schmerzen; Angst, im Rollstuhl sitzen zu müssen oder generell eine Behinderung zu bekommen; übersteigerte Wahrnehmung der Körpersignale; Unsicherheit; ständige Arztbesuche und Rückversicherung; Panikattacken; Angst, schlimm leiden zu müssen, und niemand kann helfen; im Extremfall Angst vor dem Tod.

Äußern kann sich dies alles auch in Herzrasen, Schwindel, Konzentrationsminderung, Hitzewallungen (können auch in den Wechseljahren auftreten), Erschöpfung und in dauernder Müdigkeit, da die Kraftreserven durch die ständige Anspannung des Körpers aufgebraucht sind. Die Angst vor Krankheit betrifft auch oft den Magen-Darm-Trakt und äußert sich durch vermehrte Durchfälle, Magen- oder Bauchbeschwerden sowie durch Verstopfung, manchmal auch im Wechsel mit Durchfall.

Viele Betroffene nehmen ihren Körper sehr genau wahr, untersuchen zum Beispiel ständig ihre Brust, informieren sich sehr intensiv über mögliche

Krankheitsanzeichen und sehen die Beschreibungen dann bei ihnen als zutreffend.

Ganz wichtig allerdings ist Folgendes: Betroffene sind keine Simulanten! Sie verspüren die Symptome wirklich.

Forschungsergebnisse

An Krebs zu erkranken ist für die deutsche Bevölkerung am meisten gefürchtet. Keine andere Krankheitsangst spukt mehr in den Köpfen der hiesigen Menschen. Generell sind zwar die meisten recht zufrieden mit ihrer Gesundheit, das heißt, mehr als die Hälfte der in einer Studie Befragten schätzen ihren Gesundheitszustand als gut ein, ein Drittel sogar als sehr gut, dennoch sehen 10 Prozent ihren Zustand als schlecht oder sehr schlecht (2 Prozent) an. Im Gegensatz zu den Älteren liegt bei den unter 45-Jährigen die Einstufung des Gesundheitszustandes bei „eher gut" oder „sehr gut" (Forsa-Studie 2019). Dennoch ist der Gedanke daran, Krebs zu bekommen, für viele eine Vorstellung, die sie am liebsten schnell wieder aus ihrem Gedächtnis verbannen würden.

Seit 2010 – jeweils im November – werden im renommierten Forsa-Institut für die Krankenkasse DAK-Gesundheit Untersuchungen zur Angst der Deutschen vor Krankheiten durchgeführt.

Die aktuelle Studie von 2019 sah mit 2814 Umfrageteilnehmern wie folgt aus:

Krebs bleibt nach wie vor die meist gefürchtete Krankheit der deutschen Bevölkerung, und zwar unabhängig vom Alter der Befragten. Die Angst vor Tumoren lag somit mit 69 Prozent an der Spitze aller gefürchteten Erkrankungen. Vor psychischen Erkrankungen, das heißt, vor Depressionen, Burnout und Angsterkrankungen, hat jeder Dritte Furcht – diese zieht sich durch alle Altersgruppen und ist seit Beginn der Analyse im Jahr 2010 gleich groß geblieben.

Nach den 69 Prozent, die Angst haben, an einem bösartigen Tumor zu erkranken, folgen 49 Prozent, die sich vor Demenz oder Alzheimer fürchten, 45 Prozent haben Angst vor Schlaganfällen und 43 Prozent der Befragten fürchten sich vor schweren Unfällen und Verletzungen dabei. Die Angst vor einem Herzinfarkt gaben 38 Prozent an und 33 Prozent möchten nie eine schwere Augenerkrankung bis hin zur Erblindung bekommen. Frauen sind dabei ängstlicher als Männer, mit Ausnahme des Herzinfarktes. Ältere Menschen fürchten sich mehr vor Schlaganfall und Alzheimer sowie vor Demenz als Jüngere.

Eine schwere Lungenerkrankung möchten 21 Prozent nicht bekommen, Diabetes 16 Prozent und 11 Prozent fürchten eine Geschlechtskrankheit.

Weiterhin besagt die Studie, dass es Unterschiede in den einzelnen Bundesländern gibt. Demnach fühlen sich die meisten Leute fit in Schleswig-Holstein (ganze 95 Prozent), gefolgt von Baden-Württemberg und Bayern (beide 90 Prozent). In drei Bundesländern sind laut Studie die Menschen nicht ganz so zufrieden mit ihrer Gesundheit: Sachsen-Anhalt (80), Sachsen (83) und Thüringen (85).

Im Saarland ist besonders die Furcht vor Krebs verbreitet, was 79 Prozent der Befragten angegeben haben. In Hessen dagegen fürchten die meisten Alzheimer (55) und schwere Unfälle (58).

Frauen sind dabei gesundheits- und pflichtbewusster als Männer, sie nehmen Krebsvorsorge häufiger wahr (69 Prozent) und sind für Übungen zur Stressbewältigung offener. Von den Männern gaben lediglich 45 Prozent an, zur Vorsorge zu gehen.

Hier noch einmal eine Übersicht:

Vor diesen 10 Krankheiten ist die Furcht am größten:

- Krebs (69 %)
- Alzheimer/Demenz (49 %)
- Schlaganfall (45 %)
- Unfall mit Verletzungen (43 %)
- Herzinfarkt (38 %)
- Schwere Augenerkrankungen (33 %)
- Psychische Erkrankungen (30 %)
- Schwere Lungenerkrankungen (21 %)
- Diabetes (16 %)
- Geschlechtskrankheiten wie Aids (11 %)

(Quelle: Forsa-Umfrage 2019 im Auftrag der DAK)

Auch das Info-Center der R+V-Versicherung befasst sich mit Studien und untersucht seit fast 30 Jahren jedes Jahr im Sommer die „Ängste der Deutschen".

Aus aktuellem Anlass gibt es von Anfang April 2020 eine Studie zur Corona-Angst in Deutschland, die das Info-Center der R+V-Versicherung durchgeführt und damit eine Sonderbefragung mit 1075 Bürgern veranlasst hat.

Folgende vier Fragen wurden den Teilnehmern gestellt:

1. Steigt durch die hohen Infektionsraten die Angst vor einer schweren Erkrankung?

2. Befürchten jetzt mehr Menschen eine Rezession? (wirtschaftlicher Abschwung)

3. Wie groß ist die Angst vor dem Verlust des eigenen Jobs?

4. Wie beurteilen die Deutschen die Arbeit der Politiker?

Hier soll spezifisch nur auf die erste Frage eingegangen werden, die eindeutig mit ja beantwortet werden kann.

Um sechs Prozentpunkte ist die Angst, schwer zu erkranken, in der Corona-Krise auf insgesamt 41 Prozent gestiegen. Es gibt keinen bemerkenswerten Unterschied in den Altersgruppen. Bisher war im

Verlauf der Studie die jüngere Generation bis zum Alter von 30 Jahren deutlich sorgenfreier als die Älteren. Nun haben offenbar auch viele junge Menschen verstanden, dass Covid-19 auch sie treffen kann.

Die Angst vor einer schweren Krankheit ist wiederum bei Frauen in dieser Sonderbefragung mit 46 Prozent deutlich höher als die Angst der Männer, von denen dies nur 36 Prozent angaben.

Sarah's Kampf mit der Angst

Sarah ist eine junge Frau von 36 Jahren, groß, hübsch anzuschauen mit langen blonden, leicht gewellten Haaren. Zehn Jahre lebte sie in einer festen Partnerschaft, bis sich ihr Freund vor drei Jahren von ihr trennte. Sarah war zu dieser Zeit in einer tiefen Krise, sie war so sehr auf sich selbst fixiert, dass eigentlich ein Mann keinen Platz in ihrem Leben hatte. Sarahs Freund liebte sie, aber zunehmend kam er mit der für ihn äußerst schwierigen Situation nicht mehr zurecht. Er vermisste die Zuneigung, ihre tiefgründige Liebe, die am Anfang der Beziehung noch da war, er vermisste die Zweisamkeit, das Kuscheln und die sexuelle Leidenschaft. Es gab Gespräche, doch Sarah blockte ab, zog sich immer mehr zurück und in ihr Innerstes hinein. Sie liebte ihn schon, aber sie konnte nicht aus ihrer Haut, sie konnte sich zu diesem Zeitpunkt auf keinen anderen Menschen mehr einlassen – Sarah sah nur noch sich selbst. Sie achtete auf jedes noch so kleine Zeichen ihres eigentlich so attraktiven Körpers. Sie nahm jede noch so kleine Veränderung an sich wahr. Stundenlang stand sie vorm Spiegel, nicht um ihre Schönheit zu betrachten, nein, sie verbiss sich in einen Zustand, von dem sie selbst nie geglaubt hatte, ihn einmal so zu erleben. Sarah war krank – sehr krank…

Derweil fing alles so harmlos an…Sarah wuchs als Einzelkind in ihrem Elternhaus auf; ihr Vater war Ingenieur in einer großen Firma, ihre Mutter war Chefsekretärin bei einem Energieversorger. Sie bekam die volle Zuwendung ihrer Eltern, die zwar wenig Zeit, aber viel Liebe für ihre Tochter hatten. Genau genommen hieß das: Ihr Vater gab Sarah viel körperliche Zuwendung in Form liebevoller Umarmungen, Sarahs Mutter hingegen zeigte ihre Liebe eher durch reichhaltige kulinarische Versorgungen, sie kochte, brutzelte und backte mit Hingabe.

Die Mutter war zudem psychisch labil, sehr ängstlich, immer einmal wieder krank, sie war die Strengere von beiden, aber dennoch liebte sie ihre Tochter auf ihre eigene Art. So erfuhr Sarah von ihrer Mutter weniger liebevolle ehrliche Umarmungen, wenig Streicheleinheiten und Herzlichkeit. Sie spürte unbewusst immer die Ängstlichkeit ihrer Mutter. Die Mutter wollte keine Urlaube in andere Länder, in die man nur mit dem Flugzeug gelangte, sie sorgte sich übermäßig, wenn Sarah ein wenig verspätet nach Hause kam, sie übertrug unbewusst ihre eigenen Ängste auf ihre Tochter. Davon merkte Sarah zunächst nichts. Die Eltern trennten sich, als Sarah 18 Jahre alt wurde. So erlebte sie eine Kindheit, die einerseits geprägt war von der ehrlichen Liebe ihres Vaters, andererseits aber von einer unbewusst erlebten Kühle ihrer ängstlichen Mutter.

Sarahs Freund konnte zusehends schlechter damit umgehen, er sah, wie Sarah immer mehr litt, sich zurückzog, ihn nicht mehr beachtete. Er liebte sie schon noch, konnte aber mit Sarahs Verhaltensweisen nicht mehr leben, daher war letztlich die Trennung für ihn unumgänglich. In dieser Krise fiel Sarah in ein so tiefes Loch, dass sie nur noch mit professioneller Hilfe wieder zurück in ein glücklicheres Leben fand.

Doch wie äußerte sich Sarahs Zustand?

DER TEUFEL IN IHR

Sarah stand jeden Morgen vor dem Spiegel. Erst 10 Minuten, dann eine halbe Stunde, später 2 Stunden. Ihr Körper zitterte, ihr Herz raste, ihr Puls schlug so schnell, dass sie immer wieder erschrak. „Gleich bekomme ich einen Herzinfarkt, ich falle um, keiner hilft mir, keiner ist da, ich bin hier ganz allein, ich werde sterben...". In diesen für sie so schrecklichen Momenten hatte Sarah nur diese furchtbaren Gedanken. Es war für sie so bedrohlich, dass sie in solchen Augenblicken schrie. Sarah hatte keine Kraft mehr, ihr Körper bäumte sich auf, ihr Puls raste noch schneller, bis zur Unendlichkeit...Sarahs Körper rebellierte. Sie hatte immer wieder panische Angst, dass jetzt gleich alles vorbei sein wird, dass sie stirbt, nun wirklich. Panikattacken schlichen sich wieder und wieder heran. Für Sarah eine ganz schreckliche Erfahrung. Einmal erlebt, kreiste nun die Angst darum, dies bloß nicht wieder zu erfahren. Ein Teufelskreis begann.

Wieder einmal ergriff Sarah in ihrer Panik das Telefon und wählte den Notruf. Sie zitterte jedes Mal am ganzen Körper, rief hektisch, sie hätte einen Herzinfarkt, sie stirbt, sie bekäme keine Luft mehr, dann fiel ihr meist das Handy aus der Hand... Minuten später war der Notarzt da, machte ein EKG vom Herzen, maß den Puls und nahm sie vorsichtshalber mit ins Krankenhaus. Sarah war sich jedes Mal sicher, dass es nun ganz schlimm sein musste – schließlich wäre sonst der Krankenwagen nicht mit Blaulicht zum Krankenhaus gerast. In der Notaufnahme, nachdem alle notwendigen Untersuchungen erfolgten, erklärte ihr diesmal ein ganz besonnener und sehr nachdenklicher Arzt, dass mit ihr körperlich alles in Ordnung sei, sie aber sich so hineingesteigert hätte, dass die Symptome sich tatsächlich wie ein Herzinfarkt anfühlten, aber sie beruhigt sein könne, mit ihrem Herzen sei alles bestens. Das beruhigte Sarah zwar im Moment und als sie wieder entlassen wurde, konnte sie für kurze Zeit dem Arzt Glauben schenken, doch als sie ein paar Tage später in der Frühe wieder vorm Spiegel stand, nahm das Schicksal genauso noch einmal seinen Lauf.

Sarah konnte es nicht lassen, sich im Spiegel zu betrachten, ihren Körper genauestens anzuschauen, und so stand Sarah Tage später erneut vor ihrem Spiegel, sich betrachtend von allen Seiten und dann entdeckte sie ihn – einen Leberfleck, den sie zuvor noch nie gesehen hatte. Sie fing sofort an, im Internet zu recherchieren, wie denn ein „normaler" Leberfleck auszusehen hat. Oh nein, dieser braune kleine Fleck war ungleichmäßig und etwas ausgefranst, so erschien es ihr zumindest, oh das kann nicht sein – Hautkrebs, ja ich habe Hautkrebs! Wieder begann ein Teufel, sich in Sarah auszubreiten, ein Teufel, der ihr den Verstand raubte. Ihr Herz fing an, schneller zu schlagen, sie bekam Luftnot, Schwindel machte sich breit, wieder bahnte sich eine Panikattacke an. Alles drehte sich in ihrem Kopf. „Ich habe doch etwas mit dem Herzen, und Hautkrebs habe ich auch". Das Gedankenkarussell wollte nicht aufhören, der Schwindel wollte nicht aufhören, Sarah wählte den Notruf...

Das ist jetzt drei Jahre her.

AKZEPTANZ

Diesmal äußerte ein junger Assistenzarzt die gleiche Aussage wie bei den letzten Malen, Sarahs Herz sei gesund, sie solle sich zur Sicherheit einmal bei einem Hautarzt vorstellen und den Leberfleck untersuchen lassen. Noch am gleichen Tag rief Sarah beim Hautarzt an und bekam durch ihre geäußerte Panik noch in der gleichen Woche einen Termin, was in ihrem Kopf erneute Panik ausbrechen ließ. „Wenn es so schnell geht mit einem Termin, dann muss der Leberfleck besonders gefährlich sein!". Sarahs Gedanken spielten noch mehr verrückt und nun stand sie auch tagsüber ständig vor dem Spiegel und betrachtete sich noch genauer. Ständig schaute sie den Leberfleck an, holte sogar eine Lupe. Sarahs Angst steigerte sich jedes weitere Mal ins Unermessliche. Herzrasen, Schwindel und ein Wechsel aus Hitze- und Kälteschauern machten sich breit.

„Ich habe Hautkrebs, Hautkrebs, Hautkrebs, ja das muss so sein, sonst hätte ich einen Termin in einem Vierteljahr bekommen!". Die drei Tage bis zu ihrem Termin beim Hautarzt waren für Sarah die Hölle. Auf ihre Arbeit als freischaffende Künstlerin konnte sich Sarah nicht mehr konzentrieren. Derweil musste sie für die nächste Ausstellung im Museum noch so viel vorbereiten... „Aber was bringt das alles noch, mit Hautkrebs ist mein Leben doch eh bald vorbei...". Die Angst in Sarahs Kopf wuchs und wuchs und wuchs...und ließ ihr keine ruhige Minute mehr. Sarah zitterte ständig, konnte die letzten Nächte bis zum Termin gar nicht mehr schlafen, nachts wälzte sie sich von einer Seite auf die andere, ihre Gedanken kreisten um den für sie so schlimmen Leberfleck, um ihr gesamtes Leben, um ihre Beziehung, war das überhaupt noch eine (?), sie war nassgeschwitzt am Morgen und schweißgebadet am Abend...

Der Arzt, der sich in Ruhe ihren Leberfleck betrachtete und ihn genau mit einer Lupe untersuchte, sprach sehr beruhigend und freundlich auf Sarah ein, die fast schon hysterisch auf den Arzt einredete, dieser blieb jedoch ganz ruhig, schüttelte den Kopf und konnte tatsächlich Sarahs furchtbare Angst ein wenig bremsen. Der Leberfleck sah nicht beunruhigend aus, es war ein ganz normaler kleiner Fleck, der momentan nicht weiter beängstigend erschien und nur ärztlicher Kontrolle bedürfe, wenn er sich wirklich verändern sollte.

Aber was der beruhigend wirkende Arzt zu Sarah noch sagte, wirkte zunächst auf sie vollkommen befremdlich: Sie soll sich mit ihrem Hausarzt besprechen und sich gegebenenfalls einem Psychologen vorstellen. Beim Psychologen? Sarah glaubte es nicht...

Ein paar Tage später verinnerlichte Sarah die Worte des Arztes. Zum ersten Mal erkannte sie für sich wirklich, dass mit ihr etwas nicht stimmte, und nach vielen Gedanken und Recherchen im Internet wusste sie und begriff: Sie ist krank. Sie ist ein Hypochonder, ihre panische Angst übersteigt den Rahmen des Normalen um ein Vielfaches. Nein, sie bildete sich ihre Schwindelgefühle nicht ein, auch der bis zum Hals schlagende Puls war real, dennoch nahm sie das an, was sie bisher nicht getan hatte: Sie akzeptierte sich mit all ihren Leiden und akzeptierte die Worte des Arztes.

IHR WEG ZURÜCK IN DIE NORMALITÄT

Sarah nahm all ihren Mut zusammen und vereinbarte einen Termin bei ihrer Hausärztin. Ihre Aufregung war grenzenlos, ihre Hände schweißnass und kalt im Wechsel, ihre Stirn fühlte sich heiß an, sie zitterte am ganzen Körper, als sie die Praxis betrat. Sie war so aufgeregt, dass sie ihren Namen vergaß. Im Wartezimmer wurde die Aufregung noch größer, aber als Sarah sich bewusst machte, dass sie hier war, um Hilfe zu bekommen, konnte sie sich zumindest ein klein wenig beruhigen. Diese Beruhigung nahm dann auch durch das vertrauensvolle Gespräch mit der Ärztin immer mehr zu.

Hier sei zunächst noch erwähnt, dass auch die Möglichkeit besteht, einen Facharzt für Psychiatrie aufzusuchen. Der Hausarzt kann auch eine Überweisung an diesen ausstellen.

Natürlich traute sich Sarah zunächst kaum, ihr Problem auszusprechen, da sie aber merkte, dass die Ärztin ihr freundlich zugewandt und sie leicht lächelnd ansah und sie innerlich ja wusste, dass ihr Leben so nicht weitergehen konnte, überwand Sarah ihre Scham, nahm all ihren Mut zusammen und eröffnete unter Tränen der Ärztin: „Ich habe große Angst vor Krankheit!". In diesem Moment fiel ein Stein von Sarahs Herzen, sie zitterte, aber es folgte keine Panikattacke. Sofort den Ernst hinter Sarahs Äußerungen sehend, machte die Ärztin ihr freundlich bestimmend bewusst, dass sie mit ihrem Problem nicht allein dasteht, dass sie sich nicht dafür schämen muss und dass es für Sarah Hilfe gibt. Die Worte ihrer Ärztin hinterließen eine Spur der Hoffnung und Sarah verstand zunehmend, dass es nun an ihr lag, diesen ihr aufgezeigten Weg zu gehen und sich an einen psychologischen Psychotherapeuten für eine kognitive Verhaltenstherapie zu wenden. Dabei verschwieg ihre Ärztin auch nicht, dass es lange Wartezeiten für Termine gibt, und sie riet ihr, sofort eine Liste von Therapeuten bei der Krankenkasse anzufordern und verschiedene Therapeuten zu kontaktieren. Jeder Therapeut hat sogenannte probatorische Sitzungen, in denen sich Patient und Therapeut kennenlernen und entscheiden, ob für sie eine therapeutische Beziehung möglich ist. Des Weiteren klären diese Sitzungen, von denen es seit 2017 mindestens zwei und höchstens vier gibt, ab, welche Therapie am geeignetsten erscheint, und natürlich findet auch eine ausführliche Diagnostik statt.

Sarahs Ärztin machte ihr noch eindringlich bewusst, dass sie dringend bei ihr vorstellig werden muss, sollte es ihr so schlecht gehen, dass sie ihren Tag nicht mehr strukturieren kann, in tiefe Depressionen verfällt oder gar an Suizid denkt. Dann wäre eine Einweisung in ein psychiatrisches Krankenhaus dringend erforderlich und stellt eine Soforthilfe dar. Mit all diesen Worten und aufgezeigten Möglichkeiten ihrer Ärztin und noch eine Überweisung zum Psychotherapeuten in der Hand haltend, verließ Sarah die Praxis. Zunächst überforderte sie all das Gesagte ein wenig, aber Sarah war nun einsichtig genug, um den Worten ihrer Ärztin zu folgen, alles in die Wege zu leiten, und sogar schon drei Wochen später hatte sie einen Termin bei einem Psychotherapeuten zum Vorgespräch.

Nach zwei Sitzungen war Sarah klar, dass die Chemie zwischen ihr und dem Therapeuten stimmte, sie sich ihm gegenüber öffnen konnte und all seine umfassenden Fragen zu ihrer Lebenssituation, zu Besonderheiten ihrer persönlichen Entwicklung, einschließlich schulischer und beruflicher

Entwicklung, bereit war, zu beantworten, um die Grundlage für eine erfolgreiche Therapie zu legen.

Sarah ging es zusehends nach jeder Therapiestunde besser und sie verstand immer mehr, dass ihre Angst vor Krankheit ursächlich im Kindesalter lag. Für sich verarbeitete sie mithilfe des Therapeuten in einer kognitiven Verhaltenstherapie ihre Beziehung speziell zu ihrer Mutter und löste alte Verhaltensmuster auf. So entstand für Sarah eine neue Sichtweise und nach und nach wurde sie befreit von ihren schlimmen Ängsten. Sie lernte sogar wieder, ihrem Spiegel zu vertrauen. Sie konnte sich annehmen, früh in den Spiegel sehen, den Leberfleck kurz begutachten, feststellen, dass er sich nicht verändert hat, keinen großen Hehl darum machen und sich auf ihren Tag freuen.

Das Leben kann doch so schön sein.

Zunehmend befreit von ihrer Angst vor schlimmen Krankheiten ist Sarah auch wieder bereit für eine neue Liebe, für einen Partner, der sie so annimmt, wie sie ist, mit dem sie glücklich werden kann. Ihr neu gewonnenes Selbstbewusstsein bestärkt sie darin. Sarah hat nebenbei ein neues Hobby für sich entdeckt, ganz kostenfrei und sehr effektiv, wie sie selbst immer mehr festgestellt hat: das Walken in der wunderschönen Natur. Das macht sie mindestens dreimal in der Woche, sie hat dabei feste Tage eingeplant und muss sich mittlerweile auch dazu nicht mehr zwingen. Sie verspürt eine regelrechte Sehnsucht danach, weil sie gemerkt hat, dass ihr Kopf nach dem Walken viel freier ist, sie sich wohlfühlt und noch dazu hat es einen sehr positiven Effekt auf ihre Schlafqualität. Die Grübeleien sind viel weniger geworden, sie wälzt sich nicht mehr stundenlang im Bett hin und her, was ihr wiederum Frische und Ausgeglichenheit für den nächsten Tag beschert – was für ein schöner Nebeneffekt, und so ist der Teufelskreis gebrochen!

Natürlich gibt es auch bei Sarah immer einmal wieder Tage, an denen es passiert, dass ihre Gedanken abschweifen und an alten vergangenen Zeiten hängen bleiben, aber Sarah hat Therapieansätze gelernt und verinnerlicht, mit denen sie ihre aufkommenden Gedanken abwenden und positiv verändern kann. Wie genau, das erfahren Sie gleich.

Übungen zur Sofortumsetzung

J ede Krise in Ihrem Leben oder hier speziell auch das ohnmächtige Gefühl der übersteigerten Angst trägt unglaubliche Chancen in sich. Erkennen Sie Ihre Probleme und nutzen Sie diese als Wendung in Ihrem Leben! Stellen Sie sich Ihrer Angst! Sagen Sie Stopp zu Ihrem jetzigen Zustand und nutzen Sie folgende Möglichkeiten dazu, aus Ihrer Angst herauszukommen:

Ärztliche Hilfe / Psychotherapie bzw. kognitive Verhaltenstherapie

Gehen Sie zu einem Arzt! Sie können zu Ihrem Hausarzt oder Psychiater/Psychotherapeuten gehen und Ihre Ängste dort ansprechen. Je früher, desto besser! Dadurch können Sie verhindern, dass die Angst sich in Ihrem Leben manifestiert. Sie wollen doch ein glückliches Leben führen und sich nicht von Ängsten bestimmen lassen! Suchen Sie sich in jedem Fall ärztliche Hilfe und seien Sie bereit für eine Therapie! Sie können wählen zwischen Einzel- und Gruppentherapien, der Arzt wird Sie beraten. Ängste sind zudem gut behandelbar. Bei Phobien beispielsweise könnte eine Konfrontationstherapie Anwendung finden, das heißt, wer eine Spinnenphobie hat, wird am schnellsten geheilt, wenn er sich die Krabbeltierchen über den Arm laufen lässt. Das klingt zwar zunächst absurd, ist aber von Erfolg gekrönt, auch wenn Sie es sich momentan nicht vorstellen können und es Sie erschauern lässt. Zunächst könnte diese Vorstellung einer Spinne auf dem Arm auch nur gedanklich erfolgen, indem Sie diese Begebenheit gedanklich aushalten und erst danach in die reale Situation kommen. Im Einzelnen wird der Therapeut mit

Ihnen den besten Weg finden! Erkennen Sie Ihre Angst und stehen Sie zu ihr und zu sich selbst! Wir Menschen neigen dazu, immer alles „wegmachen" oder schnell „weghaben" zu wollen, wenn wir aber erkennen, dass unsere Angst einfach ein Teil von uns ist und zu unserer Persönlichkeit dazugehört, wenn wir lernen, sie zu akzeptieren, dann wird sie uns nicht mehr so beherrschen.

Akzeptanz Ihrer Angst

Verurteilen Sie sich und Ihr Angstgefühl nicht! Nehmen Sie an, WAS IST!

Sie haben das Gefühl der Angst in Ihrem Leben selbst einmal erschaffen. Wenn die Angst in Ihnen aufsteigt, nehmen Sie sie bewusst wahr, nehmen Sie sie als ein liebevolles Gefühl auf, sagen Sie JA zu sich selbst, sagen Sie JA zu Ihrer Angst:

„JA du, meine Angst, du darfst jetzt bei mir sein, du bist ein Teil von mir momentan, ich schicke dich nicht weg, ich akzeptiere dich! Ich habe dich er-schaffen und nehme dich an als mein Gefühl".

Schließen Sie Ihre Augen und fühlen Sie Ihre Angst, wenn sie wieder einmal ihr Unwesen in Ihnen treiben will, ganz genau. Sie wird in Ihnen aufsteigen und versuchen, Ihren Körper zu beherrschen, aber sie wird auch vergehen, wenn Sie sie einfach wie einen Freund annehmen und akzeptieren. Annahme bedeutet Liebe und Liebe ist der Schlüssel für ein erfülltes glückliches Dasein und Leben.

Selbstannahme ist das Beste, was Sie für sich tun können, denn schließlich sind Sie der wichtigste Mensch in Ihrem Leben! Sorgen Sie also gut für Ihre Angstgefühle, seien Sie radikal ehrlich zu sich selbst und Ihre Angst wird weniger, wenn Sie sie zulassen und eine liebevolle Haltung ihr gegenüber einnehmen. So kann sich das Gefühl der Angst verwandeln, da jedes schlechte Gefühl nur entsteht, wenn es negativ verurteilt wird.

Medikamente bzw. Kombination mit Verhaltenstherapie

Ob Sie Medikamente zur Unterstützung Ihrer Angst benötigen, sprechen Sie bitte auch mit Ihrem Arzt ab.

Es gibt sogenannte selektive Serotonin-Wiederaufnahme-Hemmer (SSRI), die bei vielen psychiatrischen Erkrankungen zum Einsatz kommen. Serotonin kommt in unserem Nervensystem vor und wird auch „Glückshormon" genannt. Es ist ein sogenannter Neurotransmitter, der unterschiedliche Prozesse im Körper beeinflusst, unter anderem unsere Emotionen, das zentrale Belohnungssystem sowie auch unsere Stimmung und den Antrieb. Daher kann eine Gabe von zusätzlichen Psychopharmaka sinnvoll sein, da Serotoninmangel im Zusammenhang steht mit depressiver Stimmung und Angst.

Wenn Sie nicht gern Medikamente nehmen, sei Ihnen gesagt, es gibt diese nicht nur als Chemotherapeutika, sondern ebenfalls als pflanzliche Alternative, zum Beispiel in Form von hoch dosiertem Johanniskraut.

Da es jedoch keine Studien gibt, ob die Wirkung nach Beendigung der Therapie anhält, sollten Sie die Möglichkeit der Medikamenteneinnahme mit Ihrem Arzt sehr genau besprechen und dennoch für den momentanen Akutfall oder zur Stabilisierung in Erwägung ziehen beziehungsweise als Ergänzung zu einer Verhaltenstherapie nutzen.

Sport / Bewegung im Freien – die Heilkraft von Spaziergängen

Sie müssen nicht der schnelle Jogger werden, Sie müssen auch nicht einen Marathon schaffen, aber Bewegung an der frischen Luft ist ein gutes Mittel, um den Kopf frei zu bekommen und sich einfach gut zu fühlen. Bewegung setzt Glückshormone frei, beugt zudem vielem körperlichem Leiden vor, lässt uns Stress abbauen, Endorphine ausschütten, die wiederum zu Glücksgefühlen führen, und Ängste vermindern. Ihr Wohlbefinden wird es Ihnen danken!

Beginnen Sie mit kleinen Spaziergängen, wenn möglich täglich, auch bei nasskaltem Wetter. So steigern Sie zusätzlich Ihre Abwehrkräfte und fühlen sich insgesamt gesünder. Auch innere Anspannung, Aggressionen und Frust können Sie damit lindern. Außerdem stärken Sie Ihr Selbstwertgefühl und sind weniger anfällig für Depressionen und Ängste. Motivieren Sie sich selbst: „Ich schaffe das heute". Nehmen Sie eine Freundin/einen Freund mit zum Spaziergang, zu zweit ist die Motivation noch höher.

Informieren Sie sich auch bei Ihrer Krankenkasse! Es gibt viele verschiedene Sportkurse, die von Krankenkassen angeboten und bezuschusst werden. Auch kann man dort Gleichgesinnte kennenlernen. Entscheiden Sie sich für eine Sportart, die Sie genießen können und an der Sie Freude entwickeln. Für Menschen, deren Element Wasser nicht ist, ist auch Schwimmen oder Kitesurfen nicht das Richtige. Wer Joggen hasst, mag vielleicht Wandern. Sie finden selbst für sich das Richtige, wenn Sie es probieren.

Als Beispiel für Einsteiger sei Qigong genannt. Bei dieser chinesischen Konzentrations- und Bewegungsform, die ebenso einer Meditation gleichkommt, werden Körperenergien aktiviert und können besser fließen. Qigong dient der Entspannung und führt gleichzeitig zu einem besseren Körpergefühl, wirkt regulierend auf das gesamte Nervensystem, verfeinert die Selbstwahrnehmung und beeinflusst positiv die Emotionen und unsere gesamte Stimmung. Informieren Sie sich gerne darüber!

Vielleicht hilft es Ihnen, sich vorzunehmen, in Zukunft nicht jeden Tag das Auto zu benutzen, sondern das Fahrrad einmal wieder zu aktivieren, angefangen mit kleinen Strecken, vielleicht nur für kleine Einkäufe. Sie werden es lieben, wenn es zum

Ritual geworden ist.

Dankbarkeit

Dankbarkeit ist ein ganz großes Hilfsmittel zu einem erfüllten glücklichen Leben. Dabei müssen Sie keine großen Dankbarkeitsfloskeln aussprechen oder sich ausdenken. Seien Sie heute dankbar für Ihr Dasein! Jeder Tag ist ein Geschenk, machen Sie sich bewusst, dass es ein ganz großes Geschenk ist, dass Sie auf der Welt sein dürfen, dass Sie in Frieden leben, dass Sie genug zu essen haben. Sagen Sie sich jeden Abend vor dem Schlafen drei Sätze: „Ich bin heute dankbar gewesen für...".

Am besten ist, sie verinnerlichen sich Ihre Dankbarkeit und lassen sie zu einem festen Ritual und Bestandteil Ihres Tages oder Abends werden, indem Sie sich ein kleines Dankbarkeitsbüchlein anschaffen und täglich drei Sätze formulieren, für was Sie heute dankbar waren. Das müssen keine großen Dinge und komplizierten Denkweisen sein, es reicht schon, wenn Sie sich an einem Schmetterling erfreut haben. „Ich bin dankbar, dass ich heute diesen schönen Schmetterling gesehen habe". Oder genießen Sie bewusst Ihre Tasse Tee, konzentrieren Sie sich auf den Geschmack und sagen Sie, „Ich bin dankbar für diesen genussvollen Tee". Wenn Sie dies jeden Tag tun, wird sich Ihr Leben positiv verändern. Das geht nicht von heute auf morgen, daher bleiben Sie dran und tun Sie es!

Kein Katastrophendenken!

Bleiben Sie im Hier und Jetzt! Schauen Sie auf das, was im Augenblick wirklich da ist. Nehmen Sie Geräusche und Gerüche bewusst wahr, konzentrieren Sie sich auf das, was Sie gerade tun oder sehen! Verbannen Sie Ihre negativen Gedanken an gestern, morgen oder übermorgen, bleiben Sie beim Heute und im jetzigen Moment. Denken Sie nicht an das, was gestern negativ war, was morgen alles Schlimmes passieren könnte und welche Katastrophe übermorgen auf Sic zurollt. Das schaffen Sie, indem Sie sofort Stopp zu sich selbst sagen, den Gedanken nicht weiterdenken und sich umschauen, was Sie gerade umgibt. Machen Sie sich sofort bewusst, dass es nur Gedanken sind, die Ihnen da gerade durch den Kopf schießen, und glauben Sie nicht all Ihren Gedanken.

Sagen Sie zu sich: „Es ist bloß ein Gedanke". Sie können Ihren Gedanken noch hinterfragen: „Ist mein Gedanke wirklich wahr?", „Kann ich wirklich sicher sein, dass dieser Gedanke stimmt?".

Damit kommen Sie schnell zu einer klaren Aussage. Sie wissen nämlich nicht, ob Ihr Gedanke oder auch Ihr Katastrophendenken wirklich wahr werden wird. Daher stoppen Sie den negativen Gedanken gleich!

Lenken Sie Ihre Aufmerksamkeit auf Ihren Atem!

Machen Sie es sich bequem, das kann ein Sessel, die Couch, eine gemütliche Liege oder ein schönes Plätzchen im Garten sein, auf der Parkbank oder wo immer Sie sich wohlfühlen. Spüren Sie Ihren Atem!

Atmen Sie ganz bewusst langsam ein, halten Sie kurz den Atem an und atmen Sie genauso bewusst langsam wieder aus. Wiederholen Sie mehrere Male diese Übung. Vielleicht kommen Sie mit der sogenannten 4-7-8-Methode gut zurecht, die Sie anwenden können, wenn Sie eine Panikattacke verspüren oder die Angst sehr groß ist.

Bei dieser Atemtechnik atmen Sie 4 Sekunden langsam ein, halten 7 Sekunden die Luft an und atmen 8 Sekunden wieder aus. Das Ausatmen kann ruhig geräuschvoll erfolgen. Dabei wird der Blutdruck reguliert und Ihr Nervensystem wird beruhigt. Wiederholen Sie diese Übung ca. 4-mal. Wenn Sie diese Übung täglich anwenden, können Sie Ihren Körper bei einer aufsteigenden Angst sofort unter Kontrolle bekommen und beruhigen.

Sie können es aber auch mit einer anderen Zählweise versuchen:

Zählen Sie beim Einatmen von 1 bis 10, in der Atempause dann bis 5 und beim Ausatmen rückwärts von 10 bis 1. Koppeln Sie diese Übung mit einem Bild in Ihrem Kopf: Denken Sie dabei beispielsweise an einen Schmetterling, der sich auf einen Strauch setzt, sitzen bleibt und dann wieder wegfliegt. Oder das Meer und die Wellen, wie sie langsam auf den Strand preschen, um dann wieder im Meer zu verschwinden. Hier sind Ihrer Fantasie keine Grenzen gesetzt.

Selbstliebe und Selbstvertrauen

Nehmen Sie sich Zeit für sich selbst und tun Sie sich täglich etwas Gutes. Stellen Sie sich die Frage, „Was brauche ich heute, damit es mir gut geht und ich einen schönen Tag haben werde?", denn Sie sind die wichtigste Person in Ihrem Leben.

Nehmen Sie sich selbst an mit all Ihren Schwächen

und Fehlern, denn diese sind menschlich und gehören zu Ihnen. Sie sind als Mensch auch dann wertvoll und richtig, wenn Sie ängstlich sind. Auch Sie haben ein gutes Leben verdient!

Glauben Sie an sich selbst und Ihre Energie und seien Sie freundlich zu sich selbst. Entscheiden Sie, was Sie anderen erlauben und wo Ihre Grenzen sind.

Hören Sie auf, zu jammern und zu klagen! Das Leben hat jeden Tag neue Herausforderungen für jeden Einzelnen von uns, es birgt jeden Tag Gefahren, aber auch viele neue Chancen. Versuchen Sie, diese zu erkennen und als etwas Positives willkommen zu heißen. Achten Sie ebenfalls auf ein positives Umfeld und umgeben Sie sich nicht mit negativen Menschen.

Definieren Sie positive Gedanken, zum Beispiel „Ich bin gut so, wie ich bin" oder „Ich verdiene Glück".

Denken Sie sich in die Zukunft. Was wollen Sie in Ihrem Leben noch erreichen? Möchten Sie Ihre bisherige berufliche Laufbahn so weiterführen oder ist es Zeit für eine Veränderung? Seien Sie mutig, Gedanken an Veränderung zuzulassen. Vielleicht waren Sie noch nie richtig glücklich in Ihrem Job, in Ihrer Beziehung etc.? Schrecken Sie nicht vor Ihren Gedanken zurück, sondern greifen Sie sie auf und versuchen Sie, herauszufinden, wie Ihr Leben in den nächsten Jahren aussehen soll.

Formulieren Sie klar und deutlich Ihre Pläne und Ziele!

Verdeutlichen Sie sich positiv den Sinn Ihres Lebens.

Gönnen Sie sich auch Zeit mit sich allein! Sorgen Sie für Auszeiten in Ihrem Alltag und erlauben Sie sich Pausen und schöne Momente. Genießen Sie den Anblick von Wiesen, Bäumen, Bächen, Blumen, Bergen und Wasser auch bewusst einmal allein. Riechen Sie an den Blumen am Wegrand und seien Sie achtsam für die vielen schönen kleinen Dinge und Momente.

Entspannungstechniken

Erlernen Sie Entspannungstechniken wie Progressive Muskelrelaxation nach Jacobsen, kurz PMR genannt, oder Autogenes Training. Dabei erfahren Sie einen körperlich-seelischen Entspannungszustand, der zur Reduzierung emotionaler Anspannung führt. Kurse dafür kann Ihnen Ihre Krankenkasse nennen. Auch in Sportstudios können Sie nachfragen, sogar Physiotherapeuten bieten Kurse an. Es gibt auch die Möglichkeit, eine psychosomatische Rehabilitation zu beantragen. Erkundigen Sie sich gerne bei Ihrem Rententräger.

Waldbaden

Gegen Angst und Anspannung auch ein hervorragendes Mittel ist das Waldbaden.

Ziehen Sie Ihre Kraft aus der Natur und nutzen Sie die Natur für Ihr Wohlbefinden und gegen Ihre Ängste. Beim Waldbaden bzw. bei bewussten Waldspaziergängen sind Sie der Natur ganz nah, können frei durchatmen und sich unbeobachtet fühlen. Sie können den Vögeln lauschen, kleine Insekten beobachten und am Moos riechen. Durch die Ruhe und Harmonie des Waldes werden Stresshormone reduziert und das Grün der Pflanzen wirkt nervenberuhigend. Im Wald können Sie ganz zu sich selbst finden, Sie können wieder Kind werden. Suchen Sie kleine Blumen, flechten Sie einen Kranz, pusten Sie in Grashalme und erzeugen Sie dabei Töne, wie früher als Kind! Springen Sie, hüpfen Sie, freuen Sie sich ganz bewusst, machen Sie aber auch wieder Pausen im Wald, immer wieder, spüren Sie die klare Luft, öffnen Sie Ihre Sinne und nehmen Sie einfach nur wahr! Seien Sie achtsam! Laufen Sie einmal barfuß und spüren Sie die Unebenheiten, die unterschiedlichen Materialien auf dem Boden oder die Wärme oder Kühle des Mooses, der Wurzeln... Spüren Sie sich selbst!

Fazit

Wir Menschen haben alle Angst. Manche von uns haben Angst vor tatsächlichen Gefahren, also eine Angst, die sie am Leben erhält und schützt, und manch andere haben eine unbegründete Angst, die nicht nützlich und krankhaft ist, sie blockiert und sie und ihr Leben aus dem Gleichgewicht bringt.

In jeder Angst und in jeder Angst vor Krankheit speziell verbirgt sich auch eine Chance. Diese Chance zu erkennen heißt, herauszufinden, was Sie in Ihrem Leben bisher nicht sehen, nicht wahrhaben wollen. Jede Angst zeigt uns unseren Zustand ehrlich, hat einen tiefen Sinn und zugleich eine Aufga-

be. Diese gilt es, zu erkennen. Der Kranke und Ängstliche ist nicht ein unschuldiges Opfer, sondern auch selbst Täter. Seine Symptome der Krankheitsangst zeigen sich zwar körperlich, sie sind aber psychische Konflikte, die es als Probleme desjenigen zu entlarven gilt.

Es stellt sich Frage: Wie können Sie gesunden, wenn Sie an einer Angst leiden, die Ihnen den Tag erschwert, die Ihnen ein Leben in Unbekümmertheit momentan unmöglich macht?

Es ist unerlässlich, sich in diesem Fall professionelle Hilfe in Form einer Psychotherapie bzw. Verhaltenstherapie zu suchen und sich nicht auf all die kleinen Symptome zu konzentrieren, die wie Geister im Körper zu wohnen scheinen, sondern im Hier und Jetzt zu leben, die Schönheit der Natur wahrzunehmen, die Liebe der Familie zu empfangen und jeden Tag eine große Dankbarkeit zu spüren und bewusst achtsam zu sein. Es ist hart und schwierig, aber es lohnt sich, sich selbst zu finden. Es ist ein Prozess von Dauer und es geht nicht von heute auf morgen, aber bleiben Sie dran, für die eigene Gesundheit, für das eigene Lebensglück, für Zufriedenheit und Wohlergehen.

Wenn Sie ein Problem haben, dann möchten Sie es so schnell wie möglich wieder loswerden. Doch ganz so einfach funktioniert es im Leben nicht. Alles braucht seine Zeit. Diese wiederum lohnt es sich, zu investieren. Es ist eine Investition für Sie! Auch wenn es ein langwieriger Prozess ist, zu erkennen, dass man eine Angsterkrankung hat, so ist es doch äußerst sinnvoll, sich auseinanderzusetzen mit sich und seinem Leben und seiner Angstgeschichte, um gestärkt und lebensfroh aus der Problematik seinen weiteren Weg zu gehen.

Also: Stellen Sie sich Ihrer Angst! Erlernen Sie Entspannungstechniken und Achtsamkeit! Niemand muss sich für seine Angst schämen. Nehmen Sie professionelle Hilfe in Form einer Psychotherapie an und räumen Sie mit alten Vorurteilen auf, Psychotherapie sei eine Methode zur Behandlung geistig Gestörter. Für immer mehr Menschen ist Psychotherapie bei Angsterkrankungen ein sehr hilfreiches Mittel und eine der besten Methoden, um Bewusstseinserfahrungen zu machen, sich selbst besser kennenzulernen und sich mit all seinen Verhaltensweisen zu verstehen, um damit den Weg zu ebnen für mehr Selbstvertrauen und Selbstliebe. Sie

sollten Ihre Erwartungen zwar nicht überstrapazieren, aber es lohnt in jedem Fall, auch wenn der Weg hart und steinig ist.

Sie werden Ihre Angst besiegen!
Sie sind es sich wert, ein angstfreies und unbeschwertes Leben zu führen!
Sie schaffen es!
Alles Liebe!

Herstellung und Verlag:
BoD – Books on Demand, Norderstedt
ISBN: 9783746019246

© Maike Ahlers 2020
1. Auflage
Kontakt: Psiana eCom UG/ Berumer Str. 44/ 26844 Jemgum
Covergestaltung: Fenna Larsson
Coverfoto: depositphotos.com